Angelina Jung

Technische Umsetzung eines internen Kontrollsystems im Versicherungswesen: Grundlagen der SAP-Programmierung

Bachelor + Master
Publishing

Jung, Angelina: Technische Umsetzung eines internen Kontrollsystems im Versicherungswesen: Grundlagen der SAP-Programmierung, Hamburg, Diplomica Verlag GmbH 2012
Originaltitel der Abschlussarbeit: Implementierung eines internen Kontrollsystems im Provisionsexkasso

ISBN: 978-3-86341-151-0
Druck: Bachelor + Master Publishing, ein Imprint der Diplomica® Verlag GmbH, Hamburg, 2012
Zugl. Fachhochschule für die Wirtschaft Hannover, Hannover, Deutschland, Bachelorarbeit, 2011

Bibliografische Information der Deutschen Nationalbibliothek:
Die Deutsche Nationalbibliothek verzeichnet diese Publikation in der Deutschen Nationalbibliografie;
detaillierte bibliografische Daten sind im Internet über http://dnb.d-nb.de abrufbar.

Die digitale Ausgabe (eBook-Ausgabe) dieses Titels trägt die ISBN 978-3-86341-651-5 und kann über den Handel oder den Verlag bezogen werden.

Abstract

In dieser Projektarbeit wird die Implementierung eines internen Kontrollsystems im Provisionsexkasso beschrieben. Es soll den Vorgang von manuellen Vorauszahlungen für Vermittler und Makler der untersuchten Versicherung überwachen. Grundlagen wurden hierzu bereits in einer vorherigen Praxisarbeit gelegt.

In dieser Arbeit wird die konkrete Umsetzung beschrieben und die dafür nötigen Techniken näher erläutert.

Inhaltsverzeichnis

Abbildungsverzeichnis

Abkürzungsverzeichnis

IKS	internes Kontrollsystem
NVT	Nichtversicherungstechnik - Entwicklung
NVQ	Nichtversicherungstechnik - Test und Qualitätssicherung
NVP	Nichtversicherungstechnik - Produktion

SAP-Abkürzungsverzeichnis

ABAP	Advanced Business Application Programming
ALV	SAP List Viewer
SAP	Systeme, Anwendungen, Produkte
FI	Financial Accounting
FS-CD	Financial Services – Collections and Disbursements
ASAP	Accelerated SAP Transport Management System
TMS	Transport Management System

1. Einleitung

1.1 Aufbau der Arbeit

Diese Projektarbeit gliedert sich in vier Kapitel. Im ersten Kapitel werden zum einen die Ergebnisse der ersten Arbeit, auf dem diese Arbeit basiert, zusammengefasst und zum anderen das Praxisunternehmen näher beschrieben, indem dieses Projekt durchgeführt wird. Um die Implementierung für den Leser verständlich und nachvollziehbar zu machen, werden im zweiten Kapitel die Grundlagen der Entwicklungsumgebung und der Programmiersprache, mit denen das interne Kontrollsystem (IKS) erstellt wird, beschrieben. Anschließend wird in Kapitel drei gezeigt, wie diese Sprachelemente zur Implementierung des IKS verwendet wurden. Die Arbeit endet im vierten Kapitel mit einem Fazit und einem Ausblick zu dieser Projektaufgabe.

Fachbegriffe und erklärungsbedürftige Ausdrücke werden im nachfolgenden Glossar näher erläutert. Sie sind beim ersten Auftreten kursiv und mit Sternchen markiert. Verwendete Abkürzungen können im Abkürzungsverzeichnis nachgeschlagen werden und stehen beim ersten Auftreten im Text in Klammern hinter dem dazugehörigen Ausdruck. Quellenangaben sind mit eckigen Klammern und kursiv kenntlich gemacht.

1.2 Beschreibung des Praxisunternehmens

Die untersuchte Versicherung ist Spezialversicherer der Bauwirtschaft und mittlerweile auch einer der größten deutschen Auto- und Haftpflichtversicherer. Sie wurde als Haftpflichtversicherungsanstalt gegründet und hat ihren Hauptsitz in Hannover. Zurzeit sind ca. 2600 Mitarbeiter in dem untersuchten Versicherungsunternehmen beschäftigt, ca. 250 davon in der Informatik.

1.3 Ergebnisse aus der vorangegangenen Praxisarbeit

In der vorangegangen Praxisarbeit wurde bereits ein Konzept für ein IKS für manuelle Vorauszahlungen im *Provisionsexkasso** erstellt. Provisionsexkasso ist ein Begriff aus dem Finanzwesen und beschäftigt sich mit dem Transaktionsvorgang von Leistungen, in dem Fall mit der Auszahlung des Entgelts, das die *Vermittler** und *Makler** der Versicherung für ihre Tätigkeit bekommen. Die Höhe der *Provision** ist vertraglich zwischen der Versicherung und den Maklern bzw. Vermittlern geregelt. Dabei besteht die Möglichkeit, Provisionen oder einen Teil davon vor Leistungsbescheinigung vorauszuzahlen. Für diesen Vorgang gibt es jedoch keine einheitlichen Tarife und Abstimmungen. Die Bedingungen für Vorauszahlungen und deren Höhe werden individuell zwischen den Maklern bzw. Vermittlern und der Versicherung abgesprochen und festgelegt. Die Motivation für ein IKS für den Vorauszahlungsvorgang besteht demnach darin, mögliche Fehler und auch vorsätzlichen Betrug zu vermeiden und einen Überblick über erfasste und getätigte Vorauszahlungen zu ermöglichen.

Der Prozess der manuellen Vorauszahlungen, wurde in der vorangegangenen Arbeit beschrieben und analysiert mit dem Ergebnis, dass an dem Vorgang insgesamt drei verschiedene Instanzen beteiligt sind, nämlich der Vertrieb und das Rechnungswesen für die Erfassung und die Freigabe und die Bank für die Auszahlung (siehe Anhang 1). Für jede Vorauszahlung gibt es jeweils zwei Buchungen. Das ist zum einen die kreditorische Buchung, die einen Aufwand für die Versicherung darstellt, weil sie an den Makler bzw. Vermittler überwiesen wird und somit vom Konto der Versicherung abfließt. Zum anderen ist das die debitorische Buchung, die die Rückzahlung und somit einen Ertrag für die Versicherung darstellt. Meistens erfolgt die Rückzahlung durch eine Verrechnung mit den tatsächlich angefallenen Provisionen des Maklers bzw. Vermittlers, der die Vorauszahlung erhalten hat.

Die Informationen über die Vorauszahlungen sollen in regelmäßigen Abständen dem Vertrieb und dem Rechnungswesen zur Verfügung gestellt werden. Das IKS, das diese Informationen bereitstellt, soll im SAP-Umfeld aufgebaut werden, da für den Prozess der Erfassung von manuellen Vorauszahlungen eine SAP-Komponente verwendet wird.

In der vorangegangen Arbeit wurde erläutert, dass sich eine Auswertungsliste als IKS eignet, für die ein eigener Report implementiert werden soll, der für die Erstellung der Liste zuständig ist. Die Liste soll im SAP List Viewer (ALV)-Grid erstellt werden, da es standardmäßig Funktionen anbietet, wie z.B. die Sortierung, Filterung und Summierung der angezeigten Tabellendaten. Für die technische Umsetzung soll ein von SAP mitgelieferter Funktionsbaustein, verwendet werden, der die Funktionen zum Erstellen einer Liste im ALV-Grid bereits enthält. Die benötigten Daten für die Auswertungsliste befinden sich in zwei verschiedenen Datenbanktabellen, die eine davon ist in der untersuchten Versicherung selbst programmiert worden und die andere wurde von SAP mitgeliefert.

Die Liste soll unter anderem darüber informieren, welche Vorauszahlungen noch offen sind. Dafür empfiehlt sich die Verwendung eines weiteren von SAP mitgelieferten Funktionsbausteins, der die Funktion, offene Posten aus einer Datenbank zu selektieren, bereits enthält und performant arbeitet. *[01]*

2. Hintergründe und Vorwissen

2.1 Entwicklungsablauf nach dem ASAP-Prinzip

Zum Entwickeln und Einführen neuer Programme wurde von SAP-Beratern die Methode Accelerated[1] SAP (ASAP) entwickelt. Sie basiert auf dem Wissen und den Erfahrungen aus vielen Einführungsprojekten und bezieht auch bereits bestehende Vorgehenskonzepte und Einführungsmethoden mit ein. Ein ASAP-Projekt erstreckt sich über folgende fünf Phasen:

Abbildung 1: Phasen eines ASAP-Projekts

> **Projektvorbereitung:** Die Entscheidungsträger legen klare Projektziele und eine effiziente Vorgehensweise fest und stellen das Projektteam und sein Arbeitsumfeld zusammen.

> **Konzept:** Nach der Formulierung des Projektziels, das bewusst lösungsneutral gehalten werden soll, beginnt die Suche nach Lösungsmöglichkeiten für die Aufgabenstellung. Es wird ein Konzept entwickelt, das einen konkreten Lösungsweg beschreibt.

> **Implementierung:** Das Konzept wird umgesetzt.

> **Produktionsvorbereitung:** In dieser Phase erfolgt die endgültige Vorbereitung des Systems auf die Produktivphase. Dazu gehören beispielsweise Tests und Benutzerschulungen.

> **Produktivstart:** Das Projekt wird abgeschlossen mit dem so genannten Go-Live, bei dem das System in den Produktivzustand gesetzt wird.

[*int01*]

Bei der Erstellung des Konzepts und der anschließenden Implementierung des IKS wurde das ASAP-Prinzip eingehalten. Zu Beginn fanden Gespräche mit den Auftragge-

---

[1] deutsch: *beschleunigt*

6

bern (dem Rechnungswesen und der Revision) statt und es wurde definiert, welche Informationen bzw. Felder die Auswertungsliste des IKS haben soll. Nach diesen Vorbereitungen folgte die zweite Phase mit der vorangegangenen Arbeit und der Erstellung des Konzeptes. In dieser Arbeit wird die dritte Phase, die Implementierung beschrieben. Auch während dieser Phase besteht der Kontakt zu den Auftraggebern. Die betroffenen Mitarbeiter des Rechnungswesens, werden regelmäßig über den aktuellen Stand der Implementierung informiert und Unklarheiten und offene Fragen werden mit ihnen besprochen und geklärt. Nach der Implementierung wird das IKS dem Rechnungswesen zum Testen überlassen, womit die fünfte Phase des Projekts beginnt. Nach ausreichendem Testen werden eventuell aufgetretene Fehler beseitigt und das IKS in den Produktivzustand gesetzt.

2.2 Grundlagen für die ABAP-Programmierung

Da das IKS im SAP-Umfeld aufgebaut wird, wird für die Implementierung die Programmiersprache ABAP verwendet. ABAP steht für Advanced Business Application Programming und wurde für die Programmierung von kommerziellen Anwendungen im SAP-Umfeld entwickelt. In diesem Abschnitt werden die SAP Entwicklungsumgebung und ihr Einstiegswerkzeug als Grundlagen für die ABAP-Programmierung vorgestellt und näher erläutert.

2.2.1 Repository

Die betriebswirtschaftliche Standardsoftware R/3 von SAP, die die Gebiete Rechnungswesen, Logistik und Personalwirtschaft in einem Unternehmen unterstützt, besteht aus drei verschiedenen Ebenen: die Datenbankschicht, die Applikationsschicht und die Präsentationsschicht (siehe Anhang 2). Die Applikationsschicht enthält die ABAP-Laufzeitumgebung und führt den Großteil der Anwendungslogik des SAP-Systems aus. Die Logik, die zur Aufbereitung von Benutzeroberflächen für die Endanwender nötig ist, ist in der Präsentationsschicht enthalten. Die Datenbankschicht beinhaltet ein relationales Datenbanksystem, in dem neben Anwendungsdaten auch Objekte der Applikationsschicht (z.B. Programme) gespeichert werden. Diese Objekte werden in einem separaten Bereich der Datenbank, dem so genannten Repository gespeichert. Dort gibt es eine vordefinierte hierarchische Gliederung der Objekte. Die oberste Gliederungsebene bilden die Anwendungskomponenten (z.B. FI[2]). Diese können geschachtelt werden und wiederum andere Komponenten enthalten. So ist z.B. die Komponente FS-CD[3] in der Komponente FS[4] angesiedelt. Komponenten können aber nicht nur andere Komponenten beinhalten, sondern auch Pakete, die zur Organisation von Entwicklungsobjekten dienen (siehe Abbildung 2). In den Paketen sind Repository-Objekte, wie z.B. Funktionsbausteine, Programme und Tabellendefinitionen enthalten. Somit sind alle Repository-Objekte Teil eines Pakets.

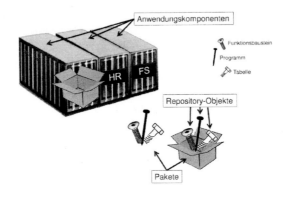

Abbildung 2: Aufbau des R/3-Repository [04]

Bei einem Programmstart wird zuerst das ABAP-Programm aus dem Repository geladen und in der ABAP-Laufzeitumgebung ausgeführt. Erst im Anschluss beginnt die Verarbeitung des ABAP-Codes. *[int02]*

2.2.2 ABAP-Workbench und Object Navigator

Die Entwicklungsumgebung für ABAP-Programme und all ihre Komponenten ist die so genannte ABAP-Workbench. Hier sind alle Werkzeuge zusammengefasst, die für die Anwendungsentwicklung erforderlich sind (siehe Anhang 3). Die Workbench ist in jedem ABAP-basierten System vorhanden und ist selbst vollständig in ABAP programmiert. Um mit ihr Workbench arbeiten zu können, benötigt man eine entsprechende Berechtigung als Entwickler.

---

[2] Financial Accounting

[3] Financial Services – Collections and Disbursements

[4] Financial Services

Die Werkzeuge der ABAP-Workbench können alle separat aufgerufen werden, jedoch empfiehlt sich der Zugang über den Object Navigator, ein Einstiegswerkzeug, das zur zentralen Bearbeitung von Repository-Objekten dient. Der Object Navigator zeigt Repository-Objekte als Knoten verschiedener Baumdarstellungen, wie z.b. Repository-Browser, Repository-Infosystem oder Erweiterungsinfosystem. Der Zugang zu den Repository-Objekten über den Repository-Browser ist über so genannte Objektlisten organisiert. Eine Objektliste wird nach ihrem Typ ausgewählt, z.b. Paket oder Programm. Der Object Navigator kann über die Transaktion SE80 aufgerufen werden. Eine Transaktion bezeichnet eine vom Benutzer aufrufbare Funktion und hat immer einen vierstelligen Namen bestehend aus einem Buchstaben optional gefolgt von weiteren Buchstaben oder Ziffern. [03]

2.3 Grundlegende ABAP-Sprachelemente

Nachdem im vorherigen Abschnitt die Grundlagen für die ABAP-Programmierung vorgestellt wurden, wird im folgenden Abschnitt näher auf grundlegende Sprachelemente eingegangen, die später bei der Implementierung verwendet werden. Die allgemeine Syntax betreffend bestehen ABAP-Befehle aus einzelnen Sätzen, wobei jeder Satz mit einem Schlüsselwort eingeleitet und mit einem Punkt beendet wird. Es wird nicht zwischen Groß- und Kleinschreibung unterschieden. Die Großschreibung von Schlüsselwörtern erhöht jedoch die Übersichtlichkeit.

2.3.1 Datenobjekte und Datentypen

Die ABAP-Elemente eines Verarbeitungsblocks arbeiten mit Daten, die im Arbeitsspeicher eines Programms abgelegt sind. Externe Daten wie Eingaben auf der Benutzeroberfläche oder Daten aus der Datenbank müssen für eine Verarbeitung mit ABAP-Anweisungen immer in den Arbeitsspeicher eines Programms transportiert werden. Der Abschnitt im Arbeitsspeicher, dessen Inhalt von ABAP-Anweisungen adressiert und interpretiert werden kann, wird als Datenobjekt bezeichnet. Wenn der Inhalt eines Datenobjekts über die Laufzeit eines Programms bestehen bleiben soll, muss er vor Programmende persistent gespeichert werden.

Die wichtigste Anweisung für die Deklaration eines Datenobjekts ist DATA. Sie deklariert eine Variable[5] mit beliebigem Datentyp, z.B.:

`DATA text TYPE string.` → Deklaration einer Variable vom Typ String mit dem Namen *text* zur Speicherung und Darstellung von textuellem Inhalt

---

Das deklarierte Datenobjekt ist innerhalb des aktuellen Kontextes ab dieser Stelle sichtbar. Sein Name und die technischen Typeigenschaften sind für die Dauer seiner Existenz festgelegt. *[02]*

Der Datentyp eines Datenobjekts wird mit der Anweisung TYPE definiert. Er bestimmt, wie die Daten im Speicher abgelegt werden, und er zeigt einer ABAP-Anweisung, wie sie mit den Daten umgehen muss. Datentypen reflektieren die Tatsache, dass es verschiedene Arten von Daten für verschiedene Verwendungszwecke gibt, z.B. zeichenartige Daten zur Speicherung und Darstellung von textuellen Inhalten und numerische Daten für Zahlen. Die möglichen Datentypen sind in drei Gruppen unterteilt *[int02]*:

> ➢ Elementare Datentypen: Sie werden immer durch einen von zehn eingebauten ABAP-Typen spezifiziert. (siehe Anhang 5 und 6)
> ➢ Komplexe Datentypen: Sie sind aus beliebigen anderen Datentypen zusammengesetzt und erlauben die Verwaltung und Bearbeitung von semantisch zusammengehörigen Datenmengen unter einem Namen. Es gibt keine eingebauten komplexen Datentypen, sie müssen aus vorhandenen Typen selbst konstruiert werden.
> ➢ Referenztypen: Sie beschreiben Datenobjekte, die Referenzen auf andere Objekte enthalten.

2.3.2 Komplexe Datentypen

Zu den komplexen Datentypen gehören strukturierte Datentypen. Das bedeutet, sie sind nicht elementar, sondern setzen sich aus einer Folge anderer Datentypen zusammen und stellen den Aufbau komplexer Datenobjekte wie eine Art Bauplan dar.

---

[5] Benanntes Datenobjekt, dessen Wert zur Laufzeit eines ABAP-Programms geändert werden kann

Strukturdefinitionen werden nie auf der Datenbank erstellt, sie werden nur in ABAP-Programmen und anderen Repository-Objekten verwendet. Ein Datenobjekt eines strukturierten Datentyps wird auch einfach als Struktur bezeichnet. Es kann auf eine gesamte Struktur oder auf ihre einzelnen Komponenten zugegriffen werden. Es folgt ein Beispiel für eine Strukturdefinition:

```
TYPES: BEGIN OF strukturtyp,

          komponente_1 TYPE typ,

          komponente_n TYPE typ,

       END OF strukturtyp.
```

Neben Strukturen sind interne Tabellen der zweite komplexe Datentyp. Sie bieten die Möglichkeit, dynamische Datenmengen im Arbeitsspeicher von ABAP zu speichern. Dabei werden die Daten zeilenweise im Speicher abgelegt, wobei jede Zeile die gleiche Struktur hat. Interne Tabellen werden immer dann verwendet, wenn Datenmengen einer festen Struktur programmintern verarbeitet werden. Sie können verschiedene Tabellenarten haben, die definieren, wie ABAP auf einzelne Tabellenzeilen zugreift. Es gibt folgende Tabellenarten *[int02]*:

➤ **Standard-Tabellen:** Es wird intern ein linearer Index gepflegt. Der Zugriff auf die Daten kann entweder über diesen Tabellenindex oder über den Tabellenschlüssel erfolgen. Beim Schlüsselzugriff hängt die Antwortzeit linear von der Anzahl der Tabelleneinträge ab. Der Schlüssel einer Standard-Tabelle ist immer nicht eindeutig.

➤ **Sortierte Tabellen:** Sie werden immer nach dem Schlüssel sortiert abgespeichert. Auch hier wird intern ein Index gepflegt. Der Zugriff kann über den Tabellenindex oder den Schlüssel, der eindeutig oder mehrdeutig sein kann, erfolgen. Beim Schlüsselzugriff hängt die Antwortzeit logarithmisch von der Anzahl der Tabelleneinträge ab.

➤ **Hash-Tabellen:** Es wird kein Index gepflegt. Der Zugriff ist nur über den Schlüssel, der eindeutig sein muss, möglich. Dabei ist die Antwortzeit konstant und hängt nicht von der Anzahl der Tabelleneinträge ab.

Eine sortierte Tabelle mit eindeutigem Schlüssel wird z.B. folgendermaßen definiert:

```
TYPES: BEGIN OF example,
         column1 TYPE i,
         column2 TYPE i,
         column3 TYPE i,
       END OF example.
TYPES itab TYPE SORTED TABLE OF example WITH UNIQUE KEY column1.
```

2.3.3 Feldsymbole

Feldsymbole sind Platzhalter bzw. symbolische Namen für bestehende Felder. Ein Feldsymbol reserviert keinen physischen Platz für ein Feld, sondern zeigt auf ein beliebiges Datenobjekt. Das Datenobjekt, auf das ein Feldsymbol zeigt, wird ihm nach seiner Deklaration zur Laufzeit des Programms zugewiesen. Wird in einem Programm ein Feldsymbol angesprochen, wird dadurch immer das Feld, welches dem Feldsymbol zugewiesen ist, adressiert. Somit sind Feldsymbole vergleichbar mit Zeigern. Sie können entweder mit oder ohne Typangaben angelegt werden. Ohne Typangaben übernimmt das Feldsymbol alle technischen Eigenschaften des zugewiesenen Feldes. Die Vorteile von Feldsymbolen liegen darin, dass sie eine große Flexibilität bei der Adressierung von Datenobjekten ermöglichen. Zur Deklaration von Feldsymbolen wird die Anweisung FIELD-SYMBOLS <field-symbol> verwendet. [03] Die spitzen Klammern sind immer ein Bestandteil des Namens und müssen im Programm angegeben werden, z.B.:

```
FIELD-SYMBOLS <fs> TYPE ANY TABLE.  → Feldsymbol, das alle Tabellenarten
umfasst.
```

2.4 Entwicklungsorganisation und Transportwesen

Das Transportwesen ermöglicht es, Repository-Objekte zwischen verschiedenen Systemen bzw. Systemstufen zu transportieren. Eine SAP-Systemlinie besteht meist aus drei Systemen, nämlich Entwicklung, Test/Qualitätssicherung und zum Schluss Produktion. Um Objekte zwischen den einzelnen Systemen bewegen zu können, werden so genannte Transportaufträge verwendet. Sie beinhalten Referenzen auf Repository-Objekte. Alle Änderungen an einem System, die auf ein Folgesystem übertragen werden sollen, müssen einem Transportauftrag zugeordnet werden. Nach der Freigabe des Transportauftrags werden durch das Transport Management System (TMS) alle Objekte in diesem Auftrag in das Zielsystem transportiert (siehe Abbildung 3).

Abbildung 3: Transportauftrag [04]

Grundsätzlich wird zwischen zwei Typen von Transportaufträgen unterschieden, zum einen die Customizing-Aufträge (Transport von Einträgen in Customizing-Tabellen) und zum anderen die Workbench-Aufträge (Transport von Repository-Objekten). Jeder Transportauftrag wird von einem Benutzer verwaltet, meistens vom Projektleiter bzw. von der Person, die für die Entwicklung verantwortlich ist. Einem Auftrag können mehrere Mitarbeiter zugeordnet werden, die jeweils eine eigene Aufgabe in diesem Auftrag erhalten. Jede Aufgabe enthält die Objekte, die der jeweilige Mitarbeiter angelegt bzw. geändert hat. Am Ende der Bearbeitung muss jeder Mitarbeiter seine Aufgabe freigeben. Erst wenn alle Teilaufgaben freigegeben sind, kann der Projektleiter den Auftrag freigeben und transportieren. [04]

In dem untersuchten Versicherungsunternehmen gibt es der SAP-Systemlinie entsprechend drei Systeme: das Entwicklungssystem NVT, das System NVQ für Test und Qualitätssicherung und die Produktion NVP. Das Kürzel NV steht dabei für Nichtversicherungstechnik. Dazu gehören in der Versicherung alle Systeme, die branchenübergreifend sind und nicht speziell nur für das Versicherungsgeschäft benötigt werden.

Das System NVQ besitzt produktionsnahe Daten. In diesem System werden Neuentwicklungen und Änderungen für die Freigabe in die Produktion getestet. Das NVQ System soll immer einen Entwicklungsstand haben, der identisch ist zum Produktionssystem NVP. Importe in das NVP Produktivsystem erfolgen nur nach vorhergegangenen Tests und Freigabe durch die jeweiligen Auftraggeber.

3. Implementierung

3.1 Entwicklungsrichtlinien und Namenskonventionen

Bei der Definition von Variablen, Strukturen und internen Tabellen müssen die Entwicklungsrichtlinien und Namenskonventionen der Versicherung eingehalten werden. Alle ABAP-Programme sollen einen einheitlichen Aufbau haben. Unter anderem soll der *Programmkopf* eine kurze funktionale Beschreibung, einen Verweis auf externe Dokumentation und eine Änderungshistorie enthalten, z.B.:

```
****************************************************************************
* Report              : /"Name der Versicherung"/CD_VORAUSZ_IKS        *
* Reporttitel         : Auswertungen von Vorauszahlungen im            *
*                        Provisionsexkasso                             *
* Erstelldatum        : 06/2008                                         *
* Ersteller           : "Name des Mitarbeiters", IAS-03                 *
* Reportklasse        : ausführbares Programm                           *
* Dokumentationsdatei:                                                  *
****************************************************************************
*--------------------------------------------------------------------------*
* Programmbeschreibung:                                                 *
* Ausgabe             : Auswertungsbezogene Liste                       *
*                                                                       *
* Verarbeitung        : - Selektion der gewünschten Vorauszahlungen     *
*                        - Darstellung der Ergebnisdaten                *
*                          in aufbereiteter Form im ALV-Grid           *
*                                                                       *
*--------------------------------------------------------------------------*
*--------------------------------------------------------------------------*
* V01.00 Neuerstellung                                                  *
* Datum  22.11.2010                                                     *
* Änderer Angelina Jung                                                 *
*--------------------------------------------------------------------------*
```

Bei der Definition von Daten innerhalb eines ABAP-Programms sollen eindeutige Namen mit Beziehung zur Verwendung vergeben werden, um eine bessere Lesbarkeit und ein einfacheres Zurechtfinden in Programmen zu gewährleisten. Für die Datendefinition in der untersuchten Versicherung ist folgendes zu beachten:

➢ Namen für interne Tabellen, Typen, Konstanten und Selektionsparameter müssen jeweils mit bestimmten Buchstaben und einem Unterstrich anfangen.

➢ Der Bindestrich darf nicht in den Namen vorhanden sein. Der Bindestrich ist nur für die Identifizierung von Strukturfeldern und Unterstrukturen vorgesehen.

➢ In den Objektbezeichnungen sind keine Umlaute zugelassen.

➢ Lokale Deklarationen sollen mit dem Präfix / beginnen.

Die folgende Tabelle zeigt die Namenskonventionen für programminterne Objekte, die für das IKS verwendet werden, im Überblick:

Programmobjekt	Präfix	Beispiel
Typdeklarationen	lty	lty_person
Konstanten	lc	lc_grenze
Interne Tabellen	lt	lt_tabelle
Strukturen	ls	ls_datensatz
Variablen	lv	lv_zaehler

Abbildung 4: Namenskonventionen

3.2 Verwendete Tabellen

Die Informationen für die Auswertungsliste in den Datenbanktabellen DFKKOP und /"Name der Versicherung"[6]/T_CD_VZAHLP enthalten. Die Tabelle DFKKOP enthält alle Positionen eines Kontokorrentbelegs und die Tabelle /xxx/T_CD_VZAHLP enthält alle Einzelpositionen einer Vorauszahlung. Bei der ersten Tabelle handelt es sich um eine von SAP definierte Tabelle, und die zweite ist eine Eigenentwicklung der untersuchten Versicherung, was man an ihrem Namen erkennt. Der Kundennamensbereich der Versicherung beginnt nämlich mit /xxx/. Wird dieser Bereich verwendet, werden diese Objekte während des Einspielens eines neuen Entwicklungsstands nicht durch SAP-Objekte überschrieben. Das *T* steht für *Tabelle, CD* für die gleichnamige Komponente und *VZAHLP* für *Vorauszahlungspositionen*.

Um die Daten aus den beiden Tabellen im Report miteinander zu verbinden und in einer Zeile der Auswertungsliste auszugeben, wird am Anfang des Reports eine programmlokale Struktur definiert mit den benötigten Feldern aus den beiden Tabellen. Die Definition der Struktur ty_vzahlp sieht folgendermaßen aus:

---

[6] Im Folgenden durch *xxx* ersetzt

```
TYPES: BEGIN OF ty_vzahlp,
        vrz_vertrag TYPE /xxx/de_cd_vm_vertrag,
        erfass TYPE /xxx/de_cd_erfass,
        freigabe TYPE /xxx/de_cd_freig,
        hvorg_01 TYPE hvorg_kk,
        tvorg_01 TYPE tvorg_kk,
        vrz_budat TYPE budat_kk,
        vrz_faedn TYPE faedn_kk,
        vrz_betrag TYPE betrh_kk,
        vrz_zinsford TYPE betrh_kk,
        vrz_verwendung01 TYPE /xxx/de_cd_verwzweck,
        vrz_flotten_kz TYPE /xxx/de_cd_flotten_kz,
        betrh TYPE betrh_kk,
      END OF ty_vzahlp.
```

In Abbildung 5 wird die Bedeutung der Felder genannt und gezeigt, aus welcher Tabelle ihre Daten ausgelesen werden:

Feld	Bedeutung	Tabelle
vrz_vertrag	Vermittlervertragsnummer	/xxx/T_CD_VZAHLP
erfass	Erfasser	/xxx/T_CD_VZAHLP
freigabe	Freigeber	/xxx/T_CD_VZAHLP
hvorg_01	Hauptvorgang	/xxx/T_CD_VZAHLP
tvorg_01	Teilvorgang	/xxx/T_CD_VZAHLP
vrz_budat	Buchungsdatum	/xxx/T_CD_VZAHLP
vrz_faedn	Fälligkeitsdatum	/xxx/T_CD_VZAHLP
vrz_betrag	Betrag	/xxx/T_CD_VZAHLP
vrz_zinsford	Zinsen	/xxx/T_CD_VZAHLP
vrz_verwendung01	Verwendungszweck	/xxx/T_CD_VZAHLP
vrz_flotten_kz	Flottenkennzeichen	/xxx/T_CD_VZAHLP
betrh	noch offener Betrag	DFKKOP

Abbildung 5: Felder der Auswertungsliste

Alle Informationen bis auf die offenen Beträge sind also in /xxx/T_CD_VZAHLP enthalten. Sie müssen für das IKS mit den entsprechenden offenen Beträgen aus DFKKOP zusammengeführt werden.

Auf Basis der oben gezeigten Struktur werden eine interne Tabelle und eine Variable vom Typ einer Zeile der internen Tabelle definiert:

```
DATA: lt_vzahlp TYPE TABLE OF ty_vzahlp,
      ls_vzahlp TYPE ty_vzahlp.
```

So eine Variable wird auch als Work Area bezeichnet und ist die einzige Schnittstelle zwischen dem Programm und der internen Tabelle. Mittels der Work Area können Datensätze in die interne Tabelle eingefügt, verändert, gelöscht und ausgelesen werden.

3.3 Vorauszahlungsprozess aus Datenbanksicht

In der vorherigen Praxisarbeit wurde bereits der Ablauf des Prozesses für manuelle Vorauszahlungen beschrieben. In diesem Abschnitt wird dieser Prozess im Hinblick auf die Daten, die während dieses Prozesses entstehen, genauer betrachtet.

Die ersten Daten entstehen, sobald der erste Teilprozess für manuelle Vorauszahlungen abgeschlossen ist, also nachdem die manuelle Vorauszahlung von einem Sachbearbeiter des Vertriebs im von der untersuchten Versicherung eigenentwickelten Erfassungsdialog eingetragen und anschließend für den Freigabedialog freigegeben wurde. Jetzt entsteht ein Datensatz in der Tabelle /xxx/T_CD_VZAHLP. Er ist so aufgebaut, dass er mehrere Felder für Teilvorgänge und die dazugehörigen Beträge und Fälligkeitsdaten enthält (siehe Abbildung 6).

ERFASS	FREIGABE	TVORG_01	FAEDN_01	BETRH_01	TVORG_02	FAEDN_02	BETRH_02	TVORG_03	FAEDN_03	BETRH_03	FREIGABE_STAT
A11901	A11901	VZK4	02.11.2010	89.567,00-	VZD4	15.11.2010	89.567,00	ZINS	15.11.2010	87,00	1
E53655	E53655	VZK5	25.02.2009	50.000,00-	VZD5	31.03.2009	50.000,00			0,00	2
A11901	A11901	VZK5	02.11.2010	33.323,00-	VZD5	15.11.2010	33.323,00	ZINS	15.11.2010	10,00	1
E53655	E53655	VZK5	03.02.2009	19.800,00-	VZD5	03.02.2009	19.800,00	ZINS	03.02.2009	200,00	1

Abbildung 6: Tabelle /xxx/T_CD_VZAHLP

In dem ersten Teilvorgangsfeld einer Vorauszahlung (TVORG_01) ist entweder das Kürzel VZK4 oder VZK5 eingetragen. Sie stehen für die kreditorische Buchung einer Vorauszahlung, also für den Betrag, der von dem Konto der Versicherung abgezogen wird und unterscheiden sich dadurch, dass VZK4 für eine Vorauszahlung auf Basis eines

Flottenvertrags steht, während VZK5 zeigt, dass die Vorauszahlung zu einem Einzelvertrag gehört. Entsprechend wird in dem ersten Betragsfeld (BETRH_01) die Höhe dieser kreditorischen Buchung eingetragen und im ersten Fälligkeitsdatums-Feld (FAEDN_01) das Datum, an dem der Betrag von der Versicherung überwiesen wird. Im zweiten Teilvorgangsfeld desselben Datensatzes (TVORG_02) steht entweder das Kürzel VZD4 oder VZD5 und im zweiten Fälligkeits-Feld (FAEDN_02) das Datum, an dem die Vorauszahlung an die Versicherung zurückgezahlt werden muss bzw. mit den angefallenen Provisionen des Maklers verrechnet wird. Das entspricht also der debitorischen Buchung der Vorauszahlung. Die beiden Buchungen haben denselben Betrag, die kreditorische allerdings mit negativem Vorzeichen, da sie einen Aufwand für die Versicherung darstellt. Das dritte Teilvorgangsfeld (TVORG_03) wird benötigt, falls die Versicherung Zinsen für die Vorauszahlung verlangt. In diesem Fall steht im Teilvorgangsfeld *Zins* und im dritten Betragsfeld (BETRH_03) die Höhe dieser Zinsen. Verlangt die Versicherung keine Zinsen für eine Vorauszahlung bleiben die Felder TVORG_03 und FAEDN_03 leer und in BETRH_03 steht ein Betrag von 0.

Ein weiteres wichtiges Feld des Datensatzes ist das Feld Freigabestatus (FREIGABE_STAT). Es gibt Auskunft darüber, ob die Freigabe für eine Auszahlung erteilt wurde und die Vorauszahlung schon gebucht wurde und kann folgende Werte mit folgenden Bedeutungen haben:

> 0 = Erfassung
> 1 = Erfassung abgeschlossen
> 2 = Freigabe erteilt
> 3 = gebucht

Der erste persistente Datensatz entsteht somit nach dem ersten Teilprozess und hat den Freigabestatus 1. Nach jeder korrekt erfassten Vorauszahlung entsteht genau ein Datensatz in der Tabelle /xxx/T_CD_VZAHLP (siehe Abbildung 7).

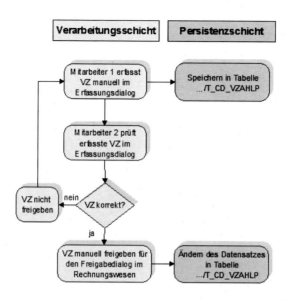

Abbildung 7: Teilprozess Vertrieb

Als nächstes folgt der zweite Teilprozess im Rechnungswesen. Ist eine Vorauszahlung, die einem Sachbearbeiter im Rechnungswesen im eigenentwickelten Freigabedialog zur Anzeige gebracht wird, nicht korrekt, wird ihr Status auf *in Bearbeitung* zurückgesetzt. Das hat zur Folge, dass der entsprechende Datensatz in der Tabelle /xxx/T_CD_VZAHLP geändert wird. Das Feld FREIGABE_STAT hat nun nicht mehr den Wert 1, sondern den Wert 0.

Ist die Vorauszahlung jedoch korrekt und wird von dem Sachbearbeiter im Freigabedialog freigegeben, ändert sich der Freigabestatus auf den Wert 2. Nach der Freigabe wird eine Buchung erzeugt, für die mindestens zwei und höchstens drei neue Datensätze in der Tabelle DFKKOP entstehen. Der erste Datensatz repräsentiert die kreditorische Buchung mit dem entsprechenden Teilvorgängen VZK4 oder VZK5 und einem Betrag mit negativem Vorzeichen. Der zweite entstehende Datensatz ist die entsprechende debitorische Buchung mit den Teilvorgängen VZD4 oder VZD5 und einem positiven Betrag. Ein dritter Datensatz mit dem Teilvorgang *Zins* entsteht nur in dem Fall, wenn Zinsen für die Vorauszahlung verlangt werden. Außerdem wird durch die Buchung der Vorauszahlung das Feld FREIGABE_STAT des entsprechenden Datensatzes in der

Tabelle /xxx/T_CD_VZAHLP auf den Wert 3 geändert. Damit ist die Erfassung und Buchung der Vorauszahlung vollständig abgeschlossen.

Bei der Freigabe werden keine Sperren gesetzt. Ist eine Vorauszahlung einmal freigegeben, ändert sich dauerhaft ihr Freigabestatus auf den Wert 3 und sie kann nicht erneut im Freigabedialog freigegeben werden. Für den seltenen Fall, dass mehrere Mitarbeiter gleichzeitig denselben Datensatz freigeben wollen, ist nur die Aktivität desjenigen Mitarbeiters relevant, der am schnellsten ist.

Abbildung 8 zeigt zusammenfassend welche Auswirkungen der zweite Teilprozess auf die Persistenzschicht hat.

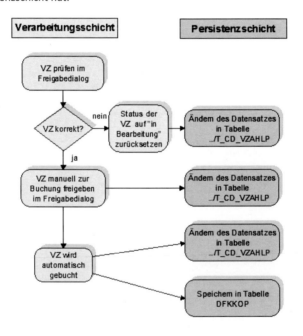

Abbildung 8: Teilprozess Rechnungswesen

Diese Datenbank-Aktualisierungen wurden bereits zu einem früheren Zeitpunkt von Mitarbeitern der untersuchten Versicherung erstellt und müssen nicht im Rahmen dieser Projektarbeit implementiert werden. Für die beiden Datenbanktabellen gibt es ein Berechtigungskonzept. Der Zugriff wird durch Berechtigungsobjekte geregelt. Ein Berechtigungsobjekt fasst bis zu zehn Berechtigungsfelder zusammen, die in UND-

Verknüpfung geprüft werden. Bei einer Berechtigungsprüfung vergleicht das System die Werte zu den einzelnen Feldern eines Berechtigungsobjektes, die dem Benutzer über sein Berechtigungsprofil zugeordnet sind, mit den Werten, die zur Ausführung einer Aktion im Programm vorgegeben sind. Um die Berechtigungsprüfung erfolgreich zu durchlaufen, muss der Benutzer die Prüfung für jedes im Berechtigungsobjekt enthaltene Feld "bestehen". Diejenigen Mitarbeiter, die die Berechtigungsobjekte besitzen, den Erfassungs- und Freigabedialog für Vorauszahlungen aufzurufen, haben auch die Berechtigung auf die Tabellen /xxx/T_CD_VZAHLP und DFKKOP zuzugreifen. Wir im Laufe des Vorauszahlungsprozesses ein neuer Datensatz in die Tabelle DFKKOP geschrieben, geschieht dies über einen von SAP mitgelieferten Schreibbaustein. Er wird im selbst programmierten Freigabedialog aufgerufen und erstellt für jede freigegebene Vorauszahlung zwei bis drei neue Datensätze (abhängig davon, ob Zinsen für die Vorauszahlungen verlangt werden) in der Tabelle DFKKOP.

Diese Daten, die beim Erfassen und Buchen von Vorauszahlungen entstehen, sollen durch ein IKS kontrolliert und auf einer Auswertungsliste zusammengefasst werden, um Fehler zu vermeiden, Betrug vorzubeugen und einen Überblick über die Vorauszahlungen zu erhalten.

3.4 Anlegen und Aktivieren des Reports

Zum Anlegen des Reports wählt man im Repository-Browser zunächst das Paket aus, in dem das Programm enthalten sein soll. In dem Fall ist es das Paket /xxx/CD_WERKZEUGE, das Eigenentwicklungen der untersuchten Versicherung für die Komponente CD enthält. Als nächstes werden die Eigenschaften des neuen Programms festgelegt. Dies ist ein wichtiger Schritt, da die Programmeigenschaften die Ausführung des Programms in der ABAP-Laufzeitumgebung festlegen. Eine der wichtigsten Programmeigenschaften eines ABAP-Programms ist sein Typ. Das IKS ist vom Typ *Ausführbares Programm*. Danach muss ein Transportauftrag zugeordnet werden. Nach dem Anlegen und Sichern des Programms ist aber nur eine inaktive Version vorhanden. Diese muss erst aktiviert werden, bevor sie von anderen Repository-Objekten verwendet werden kann. Zudem kann ein Transportauftrag erst freigegeben werden, wenn alle Objekte, denen er zugeordnet ist, aktiv sind. Da ABAP eine Compiler-Sprache ist, muss der Code vor der Ausführung kompiliert werden. Dies geschieht durch die Generierung, welche automatisch vor dem Ausführen eines Programms erfolgt.

3.5 Programmablauf

Wird der Report gestartet, erscheint als erstes ein Selektionsbildschirm, auf dem der Benutzer die Daten, die in der Auswertungsliste angezeigt werden sollen, nach bestimmten Kriterien einschränken kann. Lässt der Benutzer alle Selektionskriterien offen, erscheinen alle Vorauszahlungen. Es ist eine Selektion nach folgenden Kriterien möglich: Vermittlervertragsnummer, Buchungsdatum, Fälligkeitsdatum, Teilvorgang, nur Vorauszahlungen mit Zinsen und nur offene Vorauszahlungen (siehe Abbildung 7).

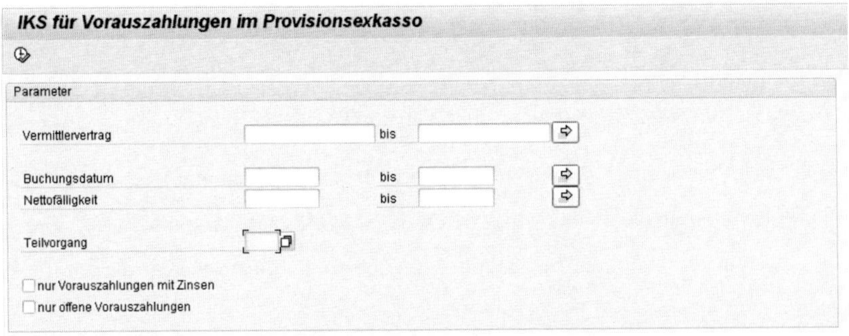

IKS für Vorauszahlungen im Provisionsexkasso

Parameter			
Vermittlervertrag		bis	
Buchungsdatum		bis	
Nettofälligkeit		bis	
Teilvorgang			

☐ nur Vorauszahlungen mit Zinsen
☐ nur offene Vorauszahlungen

Abbildung 9: Selektionsbildschirm

Insgesamt ist der Report in fünf Unterprogramme unterteilt:

```
START-OF-SELECTION.

  PERFORM populate_fieldcatalog.
  PERFORM select_kreditorische_buchungen.
  PERFORM select_debitorische_buchungen.
  PERFORM filter_data.
  PERFORM display_fieldcatalog.

END-OF-SELECTION.
```

Unterprogramme sind gekapselte Funktionen innerhalb eines Programms. Sie erhöhen die Übersichtlichkeit des Codes und erlauben die Wiederverwendung von Funktionsblöcken. Sie werden durch die Anweisung PERFORM aufgerufen.

Das Unterprogramm *populate_fieldcatalog*, das als erstes ausgeführt wird, erstellt einen Feldkatalog mit den Feldbeschreibungen der Felder, die für die Auswertungsliste benötigt werden. Grundsätzlich wird für jede Listausgabe, die über den ALV geschieht, ein Feldkatalog benötigt. Es folgt als Beispiel die Definition des Feldes *Vermittlervertragsnummer* im Feldkatalog:

```
ls_fieldcat-col_pos = 1.              → Position des Feldes
ls_fieldcat-fieldname = 'VRZ_VERTRAG'.  → interner Name des Feldes
ls_fieldcat-seltext_m = 'VM-Vertrags-Nr.'.  → Überschrift des Feldes
APPEND ls_fieldcat TO lt_fieldcat.    → das Feld wird an den
                                        Feldkatalog angehängt
```

Nach dem Aufbau des Feldkatalogs für die zukünftige Auswertungsliste, wird das Unterprogramm *select_kreditorische_buchungen* aufgerufen.

Nun werden zum ersten Mal Daten aus den Datenbanken gelesen beginnend mit dem Auslesen der kreditorischen Buchungen der Vorauszahlungen aus der Tabelle /xxx/T_CD_VZAHLP. Das geschieht mit Hilfe von Embedded SQL[7] und einem Select-Statement, das alle Datensätze selektiert, die die Bedingungen erfüllen, im Feld ANWENDUNG den Wert *VRZ* (= Vorauszahlung) und im Teilvorgangs-Feld entweder VZK4 oder VZK5 zu enthalten. Diese Daten werden in die dafür vorgesehene interne Tabelle lt_vzahlp1 gespeichert:

```
SELECT * FROM /xxx/t_cd_vzahlp
INTO CORRESPONDING FIELDS OF TABLE lt_vzahlp1
WHERE anwendung = 'VRZ'
AND ( tvorg_01 = 'VZK5' OR tvorg_01 = 'VZK4' ).
```

Um die noch offenen Posten aus der DFKKOP Tabelle zu selektieren, wird der Funktionsbaustein FKK_OPEN_ITEM_SELECT_WITH_DATE aufgerufen. Als Parameter wird ihm das heutige Datum mitgegeben. Die selektierten Datensätze werden in eine interne Tabelle namens lt_fkkop_tmp_lst gespeichert:

---

[7] Spracherweiterung von SQL, mit der es möglich ist, SQL-Anweisungen innerhalb einer strukturierten oder objektorientierten Programmiersprache auszuführen

```
CALL FUNCTION 'FKK_OPEN_ITEM_SELECT_WITH_DATE'
   EXPORTING
      i_key_date = sy-datum
   TABLES
      t_op       = lt_fkkop_tmp_lst.
```

Nun wird mit der Anweisung LOOP eine Schleife definiert, die sequenziell die Zeilen aus der internen Tabelle liest. Mit dem Zusatz ASSIGNING wird die aktuelle Zeile dem Feldsymbol <fkkop_tmp_lst> zugewiesen und alle offenen kreditorischen Vorauszahlungen (mit dem Teilvorgang VZK4 bzw. VZK5) selektiert.

```
LOOP AT lt_fkkop_tmp_lst ASSIGNING <fkkop_tmp_lst>
  WHERE tvorg = 'VZK5' OR tvorg = 'VZK4'.
  APPEND INITIAL LINE TO lt_dfkkop_lst
      ASSIGNING: <ls_dfkkop_lst>.
  MOVE-CORRESPONDING <fkkop_tmp_lst> TO <ls_dfkkop_lst>.
ENDLOOP.
```

Diese Daten werden mit den bereits vorhandenen Daten aus lt_vzahlp1 zusammengeführt, sodass in der internen Tabelle nicht nur die Informationen aus /xxx/T_CD_VZAHLP enthalten sind, sondern auch die dazu passenden offenen Beträge aus DFKKOP. Die Felder für die offenen Beträge werden durch folgenden Befehl geändert:

```
MODIFY lt_vzahlp1 FROM ls_vzahlp1 TRANSPORTING betrh.
```

Der eben beschriebene Vorgang wird noch einmal ausgeführt in *select_debitorische_buchungen*, dieses Mal aber für die debitorischen Datensätze der Vorauszahlungen. Entsprechend lautet der Select-Befehl, um die Daten aus der Datenbank auszulesen folgendermaßen:

```
SELECT * FROM /xxx/t_cd_vzahlp
INTO CORRESPONDING FIELDS OF TABLE lt_vzahlp2
WHERE anwendung = 'VRZ'
AND ( tvorg_02 = 'VZD5' OR tvorg_02 = 'VZD4' ).
```

Nach erfolgreichem Ausführen von *select_kreditorische_buchungen* und *select_debitorische_buchungen* enthält lt_vzahlp nun alle debitorischen und kreditorischen Vorauszahlungen.

Im nächsten Schritt wird in *filter_data* geprüft, ob der Benutzer auf dem Selektionsbildschirm eine Einschränkung für die Vorauszahlungen, die auf der Auswertungsliste angezeigt werden sollen, gewählt hat. Ein Benutzer möchte zum Beispiel nur diejenigen Vorauszahlungen auf der Auswertungsliste angezeigt bekommen, die noch offen sind:

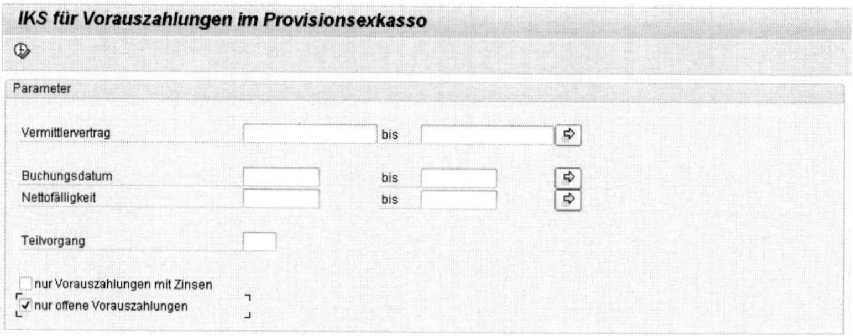

Abbildung 10: Selektion - nur offene Vorauszahlungen

In dem Fall werden im Report, diejenigen Datensätze aus der internen Tabelle gelöscht, die bereits zurückgezahlt wurden und bei denen somit im Feld betrh ein Betrag von 0 steht:

```
CASE 'X'.
    WHEN offen.
        DELETE lt_vzahlp WHERE betrh = 0.
ENDCASE.
```

Erst dann wird im letzten Unterprogramm *display_fieldcatalog* der Funktionsbaustein REUSE_ALV_LIST_DISPLAY aufgerufen, der die Auswertungsliste auf dem Bildschirm des Benutzers aufbaut (siehe Anhang 4):

```
EXPORTING
    i_callback_program = lv_syrepid
    it_fieldcat        = lt_fieldcat
TABLES
    t_outtab           = lt_vzahlp.
```

Nun stellt sich die Frage, warum die Selektion erst nach dem Auslesen der Daten aus der DFKKOP-Tabelle geschieht und damit ein höherer Aufwand für das Auslesen in Kauf genommen wird. Der Grund ist, dass die Zusammenführung der Datensätze aus der Tabelle /xxx/T_CD_VZAHLP mit den entsprechenden offenen Datensätzen aus der Tabelle DFKKOP unkomplizierter ist, wenn die Selektion erst nach der Zusammenführung geschieht. Wird, wie in diesem Fall, eine überschaubare Anzahl von Datensätzen aus den Datenbanktabellen gelesen, empfiehlt es sich der Einfachheit halber erst alle Datensätze aus den beiden Tabellen auszulesen, sie zusammenzuführen und danach erst die Selektion vorzunehmen, indem die nicht benötigten Datensätze wieder gelöscht werden. Handelt es sich jedoch um eine große Datenmenge, die aus den Datenbanktabellen ausgelesen wird, sollte die Selektion aus Performancegründen vor dem Auslesen geschehen, auch wenn dadurch die Zusammenführung der Datensätze erschwert wird.

4. Fazit und Ausblick

Auf Basis des in der vorhergegangenen Praxisarbeit erstellten Konzepts wurde die Implementierung des IKS fertig gestellt mit einer Auswertungsliste als Ergebnis. Mögliche Erweiterungen könnten darin bestehen, auf dem Selektionsbildschirm die Einschränkung der Anzahl der Suchergebnisse anzubieten.

Außerdem wäre eine weitere Spalte in der Auswertungsliste denkbar, die graphisch hervorhebt, wenn eine Zeile kritische Daten enthält (z.B. der gleiche Mitarbeiter hat eine Vorauszahlung sowohl erfasst als auch freigegeben). So könnten Vorauszahlungen, die bereits zurückgezahlt wurden und keine kritischen Daten enthalten mit einem grünen „Ampelzeichen" markiert werden, während offene Vorauszahlungen gelb und kritische Zeilen rot gekennzeichnet werden.

Darüber hinaus kann die Performance des IKS verbessert werden, indem die Selektion der offenen Posten aus der Datenbanktabelle eingeschränkt wird. Das könnte dadurch realisiert werden, dass beim Aufruf des Funktionsbausteins bereits die Selektionsparameter übergeben werden. Als Ergebnis erhält man dann nicht alle offenen Posten, sondern nur diejenigen, die zu Vorauszahlungen gehören und für die Auswertungsliste relevant sind. Dadurch würde der Aufwand gespart werden, eine hohe Anzahl an Daten aus der Datenbanktabelle auszulesen und diese hinterher zu filtern.

Eine weitere mögliche Erweiterung könnte darin bestehen, dass das Rechnungswesen und der Vertrieb die Auswertungsliste nicht mehr nach dem Pull-Prinzip, bei dem sie selber aktiv werden müssen, erhalten, sondern nach dem Push-Prinzip, in dem der Report z.B. als Batch-Job9 abläuft und automatisch einmal im Monat die Auswertungsliste per Mail an die betroffenen Mitarbeiter sendet.

Anhang: Anhangsverzeichnis

Anhang 1: Prozessablaufdiagramm

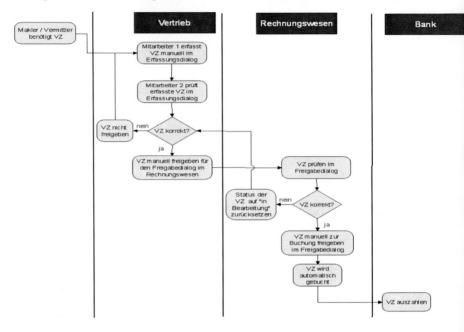

Anhang 2: Ebenen des R/3-Systems [04]

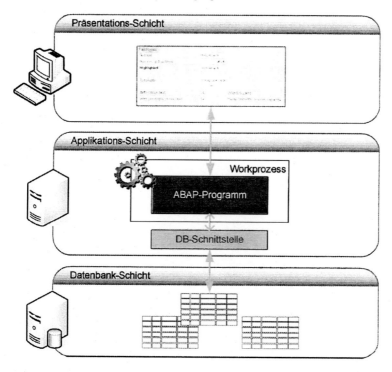

Anhang 3: Werkzeuge der ABAP-Workbench [04]

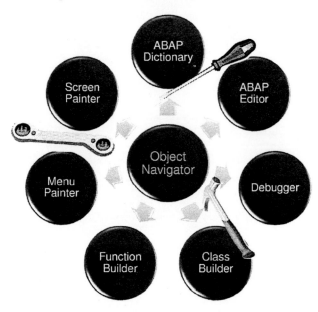

➤ **ABAP-Dictionary:** Verwalten von Tabellendefinitionen, Strukturen und Datentypen

➤ **ABAP-Editor:** Verwalten von ABAP-Programmen

➤ **Debugger:** Debugging von ABAP-Programmen

➤ **Class Builder:** Verwalten von objektorientierten Repository-Objekten

➤ **Function Builder:** Verwalten von Funktionsbausteinen

➤ **Menu Painter:** Verwalten von Menüleisten, etc.

➤ **Screen Painter**: Verwalten von ABAP-Oberflächen (= Dynpros)

Anhang 4: Auswertungsliste

IKS für Vorauszahlungen im Provisionsexkasso

VM-Vertrags-Nr.	Erfasser	Freigabe	Hauptvorgang	Teilvorgang	Buchungsdatum	Fälligkeitsdatum	Betrag	Zins	Verwendungszweck	K-Flotte	noch offen
000005-000	A10875	A11901	PMAK	VZK5	21.01.2009	31.01.2009	100,00-	10,00	TEST 01		0,00
000005-000	A10875	A10875	PMAK	VZK5	21.01.2009	31.01.2009	100,00-	30,00	TEST 01		0,00
000005-000	A10875	A11901	PMAK	VZK5	21.01.2009	31.01.2009	100,00-	10,00	TEST 01		0,00
000005-000	A10875	A11901	PMAK	VZK5	21.01.2009	31.01.2009	100,00-	10,00	TEST 01		0,00
000005-000	A10875	A10875	PMAK	VZK5	22.01.2009	31.01.2009	100,00-	10,00	TEST 03		0,00
000005-000	A10875	A10875	PMAK	VZK5	22.01.2009	31.01.2009	100,00-	10,00	TEST 03		0,00
000005-000	A10875	A10875	PMAK	VZK5	22.01.2009	31.01.2009	100,00-	20,00	TEST 03		0,00
000005-000	A10875	A10875	PMAK	VZK5	22.01.2009	31.01.2009	100,00-	10,00	TEST 03		0,00
000005-000	A10875	A10875	PMAK	VZK5	22.01.2009	31.01.2009	100,00-	10,00	TEST 03		0,00
000005-000	A10875	A10875	PMAK	VZK5	22.01.2009	31.01.2009	100,00-	10,00	TEST 03		0,00
000002-000	A11732	A11732	PMAK	VZK4	23.01.2009	31.01.2009	100,00-	0,00	TEST FLOTTE	X	0,00
000002-000	A10875	A10875	PMAK	VZK5	28.01.2009	31.01.2009	100,00-	0,00	TEST FF		0,00
000002-000	E52814	E52814	PMAK	VZK5	02.02.2009	31.12.2009	1.000,00-	100,00	TEST 1		0,00
000002-000	E52814	E52814	PMAK	VZK5	02.02.2009	31.12.2009	3.000,00-	200,00	TEST 1		0,00
000002-000	E52814	E52814	PMAK	VZK5	02.02.2009	31.12.2009	3.000,00-	200,00	TEST 1		0,00
000002-000	E52814	E52814	PMAK	VZK5	02.02.2009	31.12.2009	5.000,00-	200,00	TEST 1		0,00
990001-000	E53655	E53655	PMAK	VZK5	03.02.2009	28.02.2009	500,00-	50,00			0,00
990001-000	E53655	E53655	PMAK	VZK5	03.02.2009	28.02.2009	200,00-	20,00	HULA		0,00
990001-000	E53655	E53655		VZK5	03.02.2009	03.02.2009	100,00-	10,00	HULA		0,00
000002-000	E53655	E53655	PMAK	VZK5	03.02.2009	03.02.2009	20.000,00-	200,00			0,00
000002-000	E53655	E53655	PMAK	VZK5	03.02.2009	03.02.2009	2.000,00-	10,00	TEST TW001		0,00
888887-000	E53655	E53655	PMAK	VZK5	03.02.2009	03.02.2009	200,00-	20,00			0,00
000002-000	E52814	E52814	PMAK	VZK5	03.02.2009	31.12.2009	5.000,00-	200,00	TEST 15		0,00
000007-000	E53655	E53655	PADM	VZK5	03.02.2009	03.02.2009	200,00-	20,00			0,00
000006-000	E53655	E53655	PMAK	VZK5	03.02.2009	03.02.2009	100,00-	10,00	TEST TW 001		0,00
000002-000	E53655	E53655	PMAK	VZK5	03.02.2009	03.02.2009	222,00-	22,00			0,00
000002-000	E53655	E53655	PMAK	VZK5	03.02.2009	03.02.2009	111,00-	11,00	TEST TW 001		0,00
000002-000	E52763	A10875	PMAK	VZK5	03.02.2009	03.02.2009	100,00-	10,00	TEST		0,00
000002-000	E53655	E53655	PMAK	VZK5	03.02.2009	03.02.2009	100,00-	10,00	TEST WIEST 001		

Anhang 5: Eingebaute elementare ABAP-Typen fixer Länge

Diese eingebauten elementaren Datentypen dienen der Typisierung von Einzelfeldern, deren Länge zur Laufzeit immer festgelegt ist. Die folgende Tabelle fasst die elementaren eingebauten Datentypen fixer Länge zusammen [int02]:

Datentyp	Initiale Feldlänge	Gültige Feldlänge	Initialwert	Bedeutung
i	4 Byte	4 Byte	0	Integer, ganze Zahl
f	8 Byte	8 Byte	0	Float, binäre Gleitpunktzahl
p	8 Byte	1 – 16 Byte	0	Packed, gepackte Zahl
c	1 Zeichen	1 – 65535 Zeichen	' ... '	Textfeld (alphanumerische Zeichen)
d	8 Zeichen	8 Zeichen	' 00000000 '	Datumsfeld (Format: JJJJMMTT)
n	1 Zeichen	1 – 65535 Zeichen	' 0 ... 0 '	Numerisches Textfeld (numerische Zeichen)
t	6 Zeichen	6 Zeichen	'00000000'	Zeitfeld (Format: HHMMSS)
x	1 Byte	1 – 65535 Byte	' 00...00'	Hexadezimalfeld

Anhang 6: Eingebaute elementare ABAP-Typen variabler Länge

Diese eingebauten elementaren Datentypen dienen der Typisierung von Einzelfeldern, deren Länge erst zur Laufzeit festgelegt wird. Es gibt zwei in ABAP eingebaute elementare Typen variabler Länge, die zusammenfassend auch Strings genannt werden [int02]:

> **string** für Zeichenfolgen:
> Eine Zeichenfolge ist ein zeichenartiger Typ variabler Länge. Eine Zeichenfolge kann beliebig viele alphanumerische Zeichen aufnehmen. Die Länge einer Zeichenfolge ist die Anzahl der Zeichen multipliziert mit der Länge der internen Darstellung des Zeichens.

> **xstring** für Bytefolgen:
> Eine Bytefolge ist ein Hexadezimaltyp variabler Länge. Eine Bytefolge kann beliebig viele Bytes aufnehmen. Die Länge einer Bytefolge entspricht der Anzahl der Bytes.

Glossar

Debitor Schuldner, ist aufgrund eines Schuldverhältnisses verpflichtet, dem Gläubiger eine Leistung zu erbringen [int03]

Kreditor Gläubiger/Kreditgeber, ist aufgrund eines Schuldverhältnisses berechtigt, vom Schuldner eine Leistung zu fordern [int03]

Makler Kaufleute und ausschließliche Interessenvertreter und Sachwalter ihrer Mandanten und damit keine Erfüllungsgehilfen eines Unternehmens [int04]

Provision die Vergütung, die von einem Unternehmer für den Abschluss bzw. die Vermittlung eines Geschäfts an den Handelsvertreter bzw. Vertriebsmitarbeiter gezahlt wird [int05]

Provisionsexkasso ein Begriff aus dem Finanzwesen, beschäftigt sich mit dem Transaktionsvorgang von Leistungen, in dem Fall mit der Auszahlung des Entgelts, das die Vermittler und Makler für ihre Tätigkeit bekommen [int05]

Vermittler Handelsvertreter und selbständige Gewerbetreibende, die Verträge vermitteln und dabei ihre Tätigkeit und Arbeitszeit im wesentlichen frei bestimmen können [int04]

Quellenverzeichnis

[01]   Angelina Jung
        Praxisprojekt - Aufbau eines internen Kontrollsystems im Provisionsexkasso

[02]   SAP Press
        ABAP Objects – ABAP-Programmierung mit SAP NetWeaver
        3. Auflage, 2006

[03]   Bernd Matzke
        ABAP/4
        2. Auflage, 2001

[04]   Convista
        ABAP Grundlagen-Schulung

[int01]   http://www.plmportal.de/index.php?id=1178
           Stand: 07.12.2010

[int02]   http://help.sap.com/saphelp_47x200/helpdata/de/e1/

           8e51341a06084de10000009b38f83b/frameset.htm
           Stand: 01.12.2010

[int03]   http://wirtschaftslexikon.gabler.de
           Stand: 05.12.2010

[int04]   http://www.tyskret.com/deutsch/handel/reis.html
           Stand: 05.12.2010

[int05]   http://www.juraforum.de/lexikon/provision
           Stand: 06.12.2010

Der Autor

Angelina Jung wurde 1989 in Hameln geboren. Nach dem Abitur entschied sie sich für ein duales Bachelorstudium der Wirtschaftsinformatik an der FHDW Hannover, das in sich abwechselnde Theorie- und Praxisphasen gegliedert war und ihr sowohl Kenntnisse der Betriebswirtschaft als auch der Informatik vermittelte. Die Praxisphasen absolvierte die Autorin in einer Versicherung in Hannover. Dadurch sammelte sie bereits während des Studiums umfassende praktische Erfahrungen in der Versicherungsbranche und im Informatikbereich. Im Jahr 2011 schloss sie erfolgreich ihr Studium mit dem akademischen Grad Bachelor of Science ab. Anschließend konnte sie ihre fachlichen Qualifikationen im Bereich Betriebswirtschaft bei einer der führenden Wirtschaftsprüfungen einsetzen und weiter ausbauen. Ihr Studium und ihre Tätigkeit bei der Versicherung motivierten Angelina Jung, sich der Thematik des vorliegenden Buches zu widmen, das sich gleichermaßen mit betriebswirtschaftlichen und technischen Fragestellungen rund um das Thema internes Kontrollsystem auseinandersetzt.